Couvertures supérieure et inférieure
en couleur

BIBLIOTHÈQUE DE LA JEUNESSE CHRÉTIENNE

SÉRIE PETIT IN-12

EUGÉNIE

OU

LA PETITE ÉTOURDIE

PAR

STÉPHANIE ORY

TOURS

ALFRED MAME ET FILS, ÉDITEURS

BIBLIOTHÈQUE DE LA JEUNESSE CHRÉTIENNE
SÉRIE PETIT IN-12

AMIES DE PENSION (les); par M. Louis de Tesson.

AUBERGE DU CHEVAL-BLANC (l'), ou l'Enfant volé; par Just Girard.

BÉNÉDICTION PATERNELLE (la); par M. Louis de Tesson.

BERGER D'ARTHONAY (le); par Étienne Gervais.

BOUQUETIÈRE ET L'OISELEUR (la), suivi de: André; la petite Colombe; le petit Pêcheur de varechs; par Mme Élisa Frank.

CÉLESTINE, ou la Jalousie d'une sœur; par Mme Marie-Ange de B***.

CONTES ET MORALITÉS, à l'usage de la jeunesse; par M. Louis de Tesson.

DEUX ADOPTIONS (les); par Mme A. Grandsard.

DICK-MORTON, suivi des Souvenirs du Sahara algérien; par Mme Élisa Frank.

EUGÉNIE, ou la petite Étourdie; par Stéphanie Ory.

FOIRE AUX PAINS D'ÉPICES (la); par Étienne Gervais.

HEUREUSE FAMILLE (l'), Récit d'un voyageur, suivi de: la Harpe et l'Anneau de Merlin; le Trésor; Frank Landher; par Mme Élisa Frank.

JAMES ET BETZY, suivi de: la Pêche à marée basse; l'Enfant des mécaniques; un Œuf de Pâques; un Tableau allemand; par Mme Élisa Frank.

LÉGENDES BRETONNES; par Mme Vattier.

LOUIS ET PAUL, ou le Portrait d'une mère; par l'abbé Veyrenc.

MARGUERITE, ou la jeune Aveugle; par Stéphanie Ory.

NIÈCE DE L'ÉMIGRÉ (la); par Mme Marie-Ange de B***.

ORPHELIN DU CHOLÉRA (l'); par Étienne Gervais.

PAUVRE DE SAINT-MARTIN (le); par Mme Jenny Lefébure.

PROMENADE AU LUXEMBOURG (une); par Marie-Ange de B***.

SAINT-NICOLAS (la); par Just Girard.

TRANSTÉVÉRINE (la), suivi de: une Famille française dans l'intérieur de l'Afrique; une Journée qui commence mal; par Mme Élisa Frank.

UN TABLEAU DE LA SAINTE VIERGE; par Just Girard.

ZOÉ, ou la Méchanceté punie; par Stéphanie Ory.

BIBLIOTHÈQUE

DE LA

JEUNESSE CHRÉTIENNE

APPROUVÉE

PAR Mgr L'ARCHEVÊQUE DE TOURS

—

SÉRIE PETIT IN-12

« Madame, vous êtes la belle-sœur du colonel
Hémard ? » (P. 102.)

EUGÉNIE

OU

LA PETITE ÉTOURDIE

PAR

STÉPHANIE ORY

TOURS

ALFRED MAME ET FILS, ÉDITEURS

1877

EUGÉNIE

ou

LA PETITE ÉTOURDIE

———— ◆ ————

I

LES FRAISES SALÉES

« Quel goût abominable ont ces fraises ! s'écria Mme Lebrun après avoir porté à sa bouche une cuillerée de fraises que son mari venait de lui servir dans son assiette; c'est toi, Eugénie, qui t'es chargée de les accommoder : pourrais-tu me dire de quels ingrédients tu t'es servie pour cela?

— Mais, ma tante, je n'ai mis, comme d'habitude, que du sucre en poudre et du vin ; puis je les ai bien remuées dans la jatte, comme vous l'avez vu.

— Je parie, dit en souriant M. Lebrun, que tu nous as encore joué un tour de ta façon. » Et en disant ces mots il goûta les fraises à son tour. « Ma foi, reprit-il en riant, voilà du sucre passablement amer et du vin un peu salé. Où as-tu pris le sucre dont tu t'es servie?

— Mais, mon oncle, dans le sac que Marguerite est allée chercher ce matin chez l'épicier. »

On sonne Marguerite, qui accourt aussitôt.

« Qu'avez-vous fait du sucre que vous avez acheté ce matin? interroge M. Lebrun.

— Monsieur, je n'ai point acheté de sucre ce matin; je n'ai rapporté de chez l'épicier qu'un kilogramme de sel blanc, dans un sac que j'ai mis dans l'armoire.

— Ah! j'y suis maintenant : c'est dans ce

sac qu'Eugénie a pris le sucre pour saler les fraises. »

La pauvre Eugénie, toute rouge et près de pleurer, balbutia quelques mots pour s'excuser : « C'est Marguerite qui m'a dit que le sucre était dans l'armoire; elle aurait dû me dire qu'il n'était pas dans ce sac.

— Mademoiselle sait bien, répond Marguerite, que jamais je ne laisse le sucre en poudre dans un sac, et que je le mets dans le grand sucrier ou plutôt dans le compotier de cristal; et pour preuve, ajouta-t-elle en ouvrant l'armoire de la salle à manger, et en montrant ce vase rempli de sucre, le voilà, et il me semble qu'il n'était pas difficile à voir.

—C'est entendu, n'en parlons plus; nous nous passerons aujourd'hui de manger des fraises, voilà tout, dit M. Lebrun d'un air assez mécontent.

—Mon Dieu! mon oncle, s'écria Eugénie en sanglotant, que je suis donc contrariée!

Je suis sûre que vous allez être bien fâché contre moi ; mais je vous promets que cela n'arrivera plus, et que je tâcherai de me corriger de mon étourderie.

— Non, mon enfant, je ne suis pas fâché contre toi ; je serais même enchanté de ce qui est arrivé, si ce petit événement pouvait te décider à faire des efforts sérieux pour te corriger ; malheureusement tu m'as fait souvent des promesses semblables, et toutes jusqu'ici sont restées sans effet.

— Allons, cette fois, reprit Mme Lebrun, vous verrez, mon ami, qu'elle tiendra mieux ses promesses : elle est assez punie, elle qui aime tant les fraises, d'en être aujourd'hui privée par sa faute.

— Oh ! ma tante, je vous assure que je suis mille fois plus contrariée de ce que vous et mon oncle, qui les aimez tant, en soyez privés par mon étourderie, et je voudrais n'en pas manger une seule de toute la saison, et que cela ne fût pas arrivé.

— Je te crois, et j'espère que cela te servira de leçon pour l'avenir. En attendant, et pendant que ton oncle prendra le café, va t'habiller, et tâche de ne pas être trop longtemps à ta toilette. Mme Robin et ses filles vont bientôt arriver. Tu sais que ces dames désirent visiter ou du moins parcourir le musée de Versailles avant l'heure où jouent les grandes eaux; pour cela nous sommes convenus de partir d'ici à midi, afin de prendre le convoi de midi et demi; il est bientôt onze heures et demie, tu n'as donc qu'une demi-heure pour t'apprêter.

— Oh! ma bonne tante, soyez tranquille; c'est plus de temps qu'il ne m'en faut. Vous savez bien que je ne suis jamais longue à ma toilette.

— Oui, pourvu qu'il ne survienne pas quelque grave incident qui te fasse perdre ton temps, comme cette fois que ton serin est venu se percher sur ta tête, et que, pour ne pas le déranger, tu n'as pas osé toucher à tes cheveux, de sorte que ce jour-là tu avais oublié de te peigner, et que j'ai été obligée de te renvoyer dans ta chambre pour réparer cet oubli; de là un retard qui nous a fait manquer notre rendez-vous avec ces mêmes dames Robin, et un grave mécontentement de la part de la maman, qui ne voulait plus permettre à ses filles de te fréquenter.

— Oh! ma tante, ne parlez pas de cela, j'en ai eu assez de chagrin; mais il n'y a pas de danger que cela se renouvelle; car depuis ce temps-là je ne laisse plus sortir *Fifi* de sa cage.

— Fort bien; mais, dans la crainte qu'il ne surgisse quelque autre cause imprévue de retard, Marguerite va t'accompagner : elle t'aidera à te coiffer, te lacera et agrafera ta robe. »

II

DANGERS DE L'ÉTOURDERIE

Lorsque Eugénie et Marguerite furent sorties, M. Lebrun, tout en humant sa tasse de café, s'écria : « Qu'elle est donc étourdie, cette petite Eugénie! Si nous ne cherchons à y porter un remède efficace, j'ai vraiment peur que ce vilain défaut ne lui fasse un jour bien du tort, et ce serait certainement un grand dommage; car elle est gentille, douce, sensible, prévenante; elle a de la piété, un cœur excellent, de l'esprit, et même beaucoup de bon sens et de jugement quand elle veut se donner la peine de réfléchir. En un mot, au milieu d'une foule d'excellentes qualités, je ne lui connais qu'un défaut, mais qui est à lui seul capable de les ternir et de les effacer

toutes : c'est son étourderie. Il est donc très-
important de s'appliquer à détruire ce défaut
pendant qu'il est encore temps, et avant qu'il
ait pris de trop profondes racines dans son
âme; et c'est à nous, ses plus proches parents, qu'il appartient d'y travailler, puisque
nous sommes chargés de cette enfant depuis
la mort de sa mère et en l'absence de son
père. C'est une grande responsabilité sans
doute que nous avons assumée; mais nous
ne pourrions nous y soustraire, puisqu'elle
est votre nièce, la fille de votre sœur bien-
aimée et de mon meilleur ami, qui l'était
déjà longtemps avant qu'il songeât à devenir
mon beau-frère. De plus, un lien spirituel
nous attache à cette enfant, puisque je suis
son parrain, et vous sa marraine. D'un autre
côté, Dieu ne nous ayant pas accordé le bonheur d'avoir des enfants de notre mariage,
nous avons avec joie adopté Eugénie pour
notre fille, et pour ma part je l'aime autant
que si j'étais son vrai père. Mais ma ten-

dresse ne va pas jusqu'à m'aveugler sur les défauts, ou plutôt sur l'unique défaut de cette petite, et c'est parce que son étourderie augmente de jour en jour, que je tremble à l'idée des conséquences funestes qui peuvent en résulter pour elle, et au compte que nous devons rendre un jour de cette enfant à son père et à Dieu.

— Mon Dieu! mon ami, avec quelle importance solennelle vous me parlez aujourd'hui de notre nièce! Je conviens avec vous qu'elle est fort étourdie; mais est-ce une raison pour en tirer des conséquence exagérées, et supposer que ce défaut détruira en elle toutes les bonnes qualités? Il me semble qu'à son âge un peu d'étourderie est bien permise, ou du moins pardonnable; après tout, on ne peut pas exiger d'une enfant de treize ans d'avoir la gravité d'une personne de quarante. Je me rappelle que sa mère et moi, quand nous étions à son âge, nous n'étions guère moins étourdies qu'Eugénie, et, Dieu merci, nous n'avons pas pour cela, ce me semble, plus mal tourné ni l'une ni l'autre.

— Vous vous calomniez un peu vous-même, répondit en souriant M. Lebrun, pour défendre votre nièce, qu'entre nous soit dit vous gâtez passablement. Moi aussi, j'ai bonne mémoire, et je vous ai connues tout enfants, votre sœur et vous, lorsque j'étais déjà un grand jeune homme, presque un homme fait. Eh bien, je me souviens parfaitement que de huit à dix, et même jusqu'à douze ans, vous montriez l'une et l'autre cette étourderie, cette légèreté irréfléchie qui est ordinairement l'apanage de cet âge; mais je me souviens bien aussi que vous vous en êtes corrigées en grandissant et en prenant de la raison. Je n'ai pas oublié surtout que l'année de votre première communion il s'est fait chez vous un changement notable dans vos manières, dans votre langage, dans votre conduite, et qu'à compter de cette époque vous avez été, votre sœur et vous, plus

graves, plus réfléchies, et que, tout en con-
servant encore quelque chose de la légèreté
de l'enfance, vous apportiez plus de réserve
et de sérieux dans vos paroles et dans vos actions. Malheureusement je remarque tout le
contraire dans Eugénie : chez elle l'étourderie
et la dissipation semblent croître avec l'âge.
Elle n'a pu faire sa première communion
qu'à treize ans, parce qu'à douze on ne l'a
pas jugée assez sérieuse pour accomplir un
acte de cette importance, et encore avez-vous
été obligée de supplier M. le curé, et de vous
porter en quelque sorte garante de la conduite future de votre nièce et filleule pour
obtenir cette faveur. Eh bien, il y a plus de
six mois qu'elle a été admise à cette grande
initiation de la vie chrétienne, elle touche
presque à sa quatorzième année, et loin de
m'apercevoir de la moindre amélioration, je
trouve que son étourderie augmente de jour
en jour, et menace de devenir une maladie
incurable.

— Il y a beaucoup de vrai dans ce que vous dites; mais il y a aussi de l'exagération. Sa pauvre mère, je le reconnais avec vous, était devenue une femme très-sérieuse, après avoir été une enfant tout aussi dissipée que sa fille; et c'est l'exemple joint aux conseils de cette sœur chérie, car en sa qualité de mon aînée elle exerçait sur moi une grande influence, qui m'ont fait perdre de bonne heure cette étourderie si ordinaire à l'enfance et à la jeunesse. Pourquoi n'en serait-il pas de même d'Eugénie? Si elle met un peu plus de temps que sa mère et moi à se corriger, pourquoi en conclure qu'elle ne se corrigera jamais? Ne peut-il pas en être de la maturité de la raison comme du développement et de la croissance du corps? Les uns atteignent ce développement dès l'âge de quatorze à quinze ans, d'autres croissent encore à dix-huit et vingt ans, et même au delà. De même, à ce qu'il me semble, il serait difficile de déterminer d'une manière positive l'âge où une jeune tête plus ou moins évaporée devra prendre plus de fixité et de solidité.

— J'accepte votre comparaison, quoique, sous plus d'un rapport, je pusse en contester la justesse. J'admets donc que les facultés de l'âme, comme les forces du corps, se développent avec les années; mais cet accroissement du corps se fait-il toujours d'une manière régulière et normale? N'arrive-t-il pas souvent, même dans les sujets les mieux conformés, qu'un accident survenu dans la première enfance et souvent ignoré des parents, ou toute autre cause, occasionne tantôt un défaut de proportion dans tel ou tel membre, dans telle ou telle partie du corps, tantôt une déviation de la taille? etc. Si l'on ne s'en aperçoit pas à temps, et si l'on n'emploie pas, pour corriger ces défauts, les moyens indiqués par la science, tels que l'orthopédie, les exercices gymnastiques ou autres, ces enfants, arrivés à l'âge adulte, resteront toute leur vie ou cagneux, ou boiteux, ou bossus, ou bien avec la taille contournée. Si ce que je viens de dire est vrai des défauts du corps, il l'est encore plus des imperfections de l'âme. Si l'on ne s'attache pas à les corriger dès l'enfance et la jeunesse, elles ne feront que se développer avec le temps, et alors elles seront bien difficiles à guérir.

— Ce que vous dites là est très-vrai en général, et je reconnais combien il est important que l'éducation s'applique de bonne heure à corriger les défauts des enfants. Mais il y a défaut et défaut ; notre chère Eugénie n'en a aucun d'essentiel ; elle montrait autrefois quelques dispositions à la paresse et à la gourmandise, nous l'en avons complétement corrigée ; vous reconnaissez vous-même qu'elle est remplie d'excellentes qualités ; reste donc cette malheureuse étourderie à laquelle elle se laisse encore trop souvent entraîner. Mais enfin ce défaut est-il aussi grave que vous voulez bien le dire, surtout chez une femme? Chez un homme c'est bien différent, et ce défaut peut être des plus dangereux, selon sa position sociale. L'étourderie d'une femme n'a souvent d'autre effet que d'apprêter à rire à ses dépens; mais on n'est pas tenté de rire de l'étourderie d'un médecin, d'un pharmacien, d'un magistrat, d'un administrateur, d'un notaire, d'un banquier, quand on a remis entre leurs mains sa vie, son honneur ou sa fortune. Les résultats de notre étourderie ne sauraient jamais être bien sérieux; leur plus grave inconvénient est de jeter du ridicule sur la personne qui, ayant dépassé la jeunesse, reste atteinte de ce travers de l'esprit; et ce ridicule est, à mon avis, le plus sûr moyen de la guérir de cette infirmité morale.

— Vous vous entendez parfaitement à défendre une mauvaise cause, et vous ressemblez passablement à ces défenseurs officieux qui emploient les arguments les plus subtils pour prouver l'innocence d'une action qu'eux-mêmes seraient au désespoir de commettre. Je ne saurais admettre cette distinction que vous établissez, ou plutôt qu'un préjugé malheureusement trop commun a établie, entre les suites de l'étourderie chez les hommes et chez les femmes. Ces suites ne sont pas les mêmes, d'accord; les unes sont sans doute plus graves que les autres, mais celles-ci n'en sont pas moins extrêmement dangereuses. Si les femmes n'ont pas les mêmes obligations qu'un médecin, un juge, un notaire, n'ont-elles pas à remplir comme mères de famille dans le gouvernement de leur maison, dans le soin de leur honneur, dans l'éducation de leurs enfants, des devoirs qui réclament un esprit réfléchi et une conduite profondément méditée? « La bonté, la douceur, la sincérité, l'amour du travail, la chasteté, ne préserveront pas une femme du tort que lui fera l'étourderie. Une seule action faite étourdiment a terni quelquefois la réputation la plus méritée; et l'innocence et la vertu ne sont reconnues irréprochables qu'autant qu'elles sont attentives. » Ces observations ne sont pas de moi, elles sont d'une femme qui fait autorité en pareille matière, et dont vous avez lu et fait lire à Eugénie plusieurs ouvrages (1). Le même auteur définit l'étourderie « un défaut de prudence, de prévoyance, d'attention, produit par l'incapacité de réfléchir, ou par l'habitude de céder aux premières impulsions sans examiner quels en seront les résultats. » Plus loin, elle ajoute : « L'éducation corrige de l'étourderie, si elle ne la prévient pas; et l'expérience, à moins qu'on ne soit totalement dépourvu de sens, n'en corrige pas moins; *mais il est rare que dans ce dernier cas on ne se corrige trop tard.* » C'est là précisément ce que je redoute pour notre chère Eugénie. Si nous ne l'arrêtons pas à présent sur la

(1) Mᵐᵉ la comtesse de Bradi, auteur de plusieurs ouvrages sur l'éducation des jeunes personnes.

pente dangereuse où elle se laisse entraîner, si nous attendons que l'expérience, aidée par son bon sens, vienne la corriger, il sera probablement trop tard, et son avenir risquera d'être compromis.

III

MOYENS DE CORRIGER CE DÉFAUT

Mme Lebrun n'était pas de ces femmes qui prétendent toujours avoir raison, et qui ne veulent jamais céder, même contre l'évidence. D'ailleurs son mari, homme grave et respectable par son caractère, ses qualités et sa position sociale (il était conseiller à la cour d'appel), et beaucoup plus âgé qu'elle, lui inspirait une sorte de déférence filiale; aussi ne se permettait-elle jamais d'être d'un avis contraire au sien; ou si parfois il lui arrivait, comme nous venons de le voir, de présenter quelques objections, c'était moins pour contredire son mari que pour provoquer des explications et des éclaircissements qui lui fissent mieux comprendre sa pensée. Elle n'insista donc pas davantage, et se contenta de répondre avec soumission : « Vous avez plus d'expérience et de jugement que moi, et je me range entièrement de votre opinion; seulement j'ai besoin d'être éclairée sur les moyens à employer pour corriger ce malheureux défaut. Il ne faut pas croire que je ne l'aie pas déjà tenté depuis longtemps; mais jusqu'ici tous mes efforts ont été infructueux, c'est pourquoi j'y avais presque renoncé, espérant, comme je vous le disais tout à l'heure, que le temps et la raison suffiraient pour opérer cette réforme.

— Et vous avez eu tort, ma chère amie, de n'avoir pas persévéré, ou plutôt de n'a-

voir pas changé vos moyens de correction,
puisque les premiers n'avaient pas réussi.

— J'en ai essayé plusieurs, et toujours
aussi inutilement; aussi je crains bien d'é-
chouer encore, sans doute parce que cette tâche est au-dessus de mes forces. Mais vous
devriez vous en charger vous-même; je suis
convaincue que vous réussiriez bien mieux et
bien plus facilement que moi; parce qu'Eugénie, tout en vous aimant autant qu'elle
m'aime, vous craint beaucoup plus que moi.
Un mot de vous, un geste, un simple regard, produiraient sur elle plus d'effet que
les reproches les plus sévères que je pourrais lui adresser.

— Je ne demanderais pas mieux que de
me charger de cette tâche, si mes occupations
me permettaient de m'y livrer avec la suite
et la persévérance nécessaires pour en assurer
le succès. Mais, vous le savez, les audiences
de la cour et mes travaux de cabinet absorbent
presque tous mes instants; à peine puis-je me

trouver avec vous et cette enfant aux heures
des repas, et ce serait un moment mal choisi
pour faire des remontrances et de la morale.
Cependant ce soin me regarderait plus par-
ticulièrement, et je saurais trouver malgré
mes occupations le moyen de m'y livrer, s'il
s'agissait d'un garçon ; mais c'est à une mère,
et vous l'êtes réellement par tous les titres
qui vous attachent à cette enfant, à veiller
continuellement sur sa fille, à l'éclairer de
ses conseils, à la reprendre de ses fautes, à la
corriger de ses défauts. Vous avez, dites-vous,
échoué dans plusieurs tentatives pour la corriger de son étourderie : ce non-succès vous
décourage et vous fait supposer que cette
tâche est au-dessus de vos forces. Détrompez-
vous : je vous connais assez, vous et votre
nièce, pour être persuadé que quand vous
aurez adopté une méthode suivie, régulière,
et surtout persévérante, dans le *traitement*
de son infirmité, vous parviendrez à la guérir
radicalement. Je ne saurais vous prescrire

de règles positives à cet égard, car souvent les circonstances devront déterminer votre manière d'agir : je me bornerai à vous indiquer quelques-uns des moyens généraux à employer, sauf à compléter ces prescriptions quand vous serez embarrassée et que vous jugerez nécessaire de recourir à mes conseils ; car, si je ne puis me charger directement moi-même de cette tâche, vous me trouverez toujours prêt à vous seconder de tout mon pouvoir.

« Le premier moyen est d'imposer à votre nièce un règlement de vie qui détermine d'une manière précise l'emploi de son temps pendant tous les instants de la journée, et de tenir strictement la main à son exécution. Par là vous fixerez son attention et vous lui ferez prendre des habitudes d'ordre, de travail, de régularité, qui sont incompatibles avec l'étourderie. Vous tiendrez surtout et avant tout à ce qu'elle accomplisse régulièrement ses devoirs de piété ; car rien n'est plus propre à inspirer aux jeunes personnes cette modestie et cette retenue qui les rendent plus réfléchies et plus attentives à ce qu'elles font ou à ce qu'elles disent. Si vous veillez exactement à l'exécution de ce premier moyen, je ne doute pas que vous n'aperceviez bientôt une amélioration sensible dans le caractère d'Eugénie. Ses actes d'étourderie ne disparaîtront pas sans doute tout à fait encore, mais ils deviendront moins fréquents, et, quand ils se produiront de nouveau, abstenez-vous de rire et de plaisanter de ceux qui vous paraîtraient légers et sans conséquence, ainsi que je vous l'ai vu faire plusieurs fois. Faites-lui, au contraire, sentir très-sérieusement toute l'importance que vous attachez, et que moi aussi j'attache, à la voir apporter une attention sérieuse à tout ce qu'elle fait, même quand il s'agit des plus petites choses. Mais si elle commettait quelques-unes de ces étourderies dont les résultats peuvent être fort graves, comme, par exemple, quand elle a failli éborgner une pauvre petite fille avec qui elle jouait, en ouvrant précipitamment son ombrelle tout en courant à sa rencontre, sans prévoir que le bout de sa canne allait atteindre cette enfant à la figure et peut-être lui crever un œil, malheur qui a été bien près d'arriver, puisqu'elle a blessé grièvement l'enfant au sourcil gauche, ou bien, lorsqu'en cherchant je ne sais quoi avec une bougie elle a mis le feu aux rideaux du salon, et aurait incendié tout l'appartement et peut-être la maison, sans la promptitude avec laquelle on a arrêté les progrès du feu; dans ces occasions-là, montrez-vous d'une sévérité inflexible; infligez une punition proportionnée à la faute et tempérée seulement en raison du repentir sincère qu'elle vous témoignera; mais n'admettez jamais comme atténuation cette excuse banale qu'emploient presque tous les étourdis : *Je ne l'ai pas fait exprès,* comme s'il suffisait, pour faire disparaître

toute responsabilité d'un acte, qu'on n'ait
pas eu l'intention de le commettre. Sans
doute le degré de culpabilité n'est pas le
même, mais la responsabilité n'en subsiste
pas moins dans ce cas comme dans l'autre.
Ainsi, dans les deux circonstances que j'ai
citées, et où elle n'employa d'autre défense
que l'éternel : « Je ne l'ai pas fait exprès, »
vous auriez dû lui dire : « Je suis bien convaincue que tu n'as pas blessé volontairement
ta camarade ni mis à dessein le feu au salon ;
non, certainement tu n'es ni une meurtrière
ni une incendiaire, mais il n'en est pas
moins vrai que ton étourderie a eu ou aurait
pu avoir les mêmes résultats que si tu étais
l'une et l'autre. Tu n'es pas coupable d'une
action criminelle, mais tu es coupable d'une
imprudence qui a produit les mêmes effets;
tu dois donc subir une punition proportionnée à ta faute, qui te fasse comprendre les
dangers auxquels t'expose ton étourderie, et
sentir la nécessité de t'en corriger. »

« J'aurais encore beaucoup de choses à vous dire sur ce sujet, mais nous aurons l'occasion d'y revenir plus tard, selon l'effet qu'aura produit dans quelque temps l'emploi des moyens que je viens de vous indiquer. Cependant il est encore une observation importante à vous faire : c'est de veiller avec soin sur les liaisons qu'elle peut former avec de jeunes filles de son âge. Tâchez qu'elle ne fréquente que de jeunes personnes d'un caractère grave et posé. Les exemples de circonspection, de prudence, de discrétion, que lui offriront ses jeunes amies, produiront plus d'effet sur elle que les mêmes exemples venant de la part de personnes plus âgées, chez qui ces qualités lui paraissent être un apanage naturel de leur âge. »

IV

LA VOILETTE PERDUE

Ici la conversation des deux époux fut interrompue par l'arrivée de Mme Robin et de ses deux filles Anaïs et Clémentine, l'une un peu plus âgée, l'autre un peu plus jeune qu'Eugénie. Anaïs, l'aînée, était une fort belle personne, aux traits réguliers et fins, au teint frais et reposé, à la physionomie douce et calme, indice de la paix et de la tranquillité de son âme. Elle avait dans la démarche un peu de nonchalance; mais elle s'animait au besoin, et elle prenait gaiement sa part des jeux et des amusements de ses compagnes. Clémentine, sa sœur, était moins

belle, mais plus jolie; c'était un minois tout
frais, tout rose, tout éveillé. Vive, animée,
rieuse, elle était le boute-en-train de toutes
les parties, de tous les divertissements; mais
sa gaieté, quoique franche et communica-
tive, n'était ni emportée, ni folâtre, ni in-
considérée. Comme Eugénie, elle avait montré de bonne heure des dispositions marquées
pour l'étourderie; mais de bonne heure aussi
sa mère avait su la corriger de ce défaut, et
maintenant, sans rien perdre de sa gaieté
naturelle, Clémentine savait la contenir dans
de justes bornes. En somme, les deux sœurs
pouvaient offrir à Eugénie les exemples dont
parlait M. Lebrun, et qu'il regardait comme
d'utiles leçons pour sa nièce.

Mme Robin, de son côté, aurait pu servir
d'exemple à Mme Lebrun, et lui apprendre
comment il fallait s'y prendre pour corriger
l'étourderie chez une jeune fille; elle avait
même eu quelques instants la velléité de le
tenter, et de donner au sujet d'Eugénie quel-

ques salutaires conseils à son amie; mais, soit qu'elle s'y fût mal prise, car Mme Robin, quoique excellente femme au fond, avait dans ses manières et dans son langage quelque chose de roide et de sec qui la rendait peu persuasive, soit que Mme Lebrun, malgré la douceur et la bonté de son caractère, fût peu disposée à recevoir d'autres avis que ceux de son mari, la tentative de Mme Robin échoua, et ne produisit d'autre résultat que d'amener pendant quelque temps un peu de refroidissement entre ces deux dames. Heureusement l'amitié qui unissait leurs maris et ceux-ci avec le colonel Hémard (c'est le nom du père d'Eugénie) avait promptement dissipé ce nuage.

En entrant au salon, après les saluts d'usage échangés, la première question adressée par la mère et les deux filles fut naturellement celle-ci : « Où est Eugénie?

— Elle est allée s'habiller, répondit Mme Lebrun; mais elle doit être prête maintenant, et je m'étonne qu'elle ne soit pas encore descendue.

— Oh! je cours la chercher, s'écria Clémentine ; et, si elle n'est pas prête, je la gronderai tout en l'aidant. Viens-tu avec moi, Anaïs? »

Anaïs jeta un coup d'œil sur sa mère et sur Mme Lebrun, comme pour leur en demander la permission. Mme Robin, répondant à la muette interrogation de sa fille, lui dit : « Je le veux bien, si Mme Lebrun le permet ; mais tu iras seule, et Clémentine restera, pour lui apprendre à ne plus agir avec ce sans-façon qu'elle vient de prendre envers les personnes à qui elle doit de la déférence.

— Oh! pardon, Madame; pardon, ma petite maman, s'écria Clémentine d'un air contrit : c'est le désir de voir un peu plus tôt cette chère Eugénie, qui m'a fait commettre cette inconvenance. »

Anaïs se disposait à demander à sa mère de permettre à sa sœur de l'accompagner, quand l'apparition d'Eugénie vint mettre un terme à cet incident. Celle-ci courut aussitôt embrasser Mme Robin et ses deux amies, et elle répondit à sa tante, qui lui reprochait d'avoir été bien longue à s'habiller : « J'ai fini depuis longtemps ; mais j'ai perdu plus d'un quart d'heure à chercher mes gants et ma voilette, et je n'ai pu les trouver. Les gants, je les ai facilement remplacés, puisque j'en avais plusieurs paires ; quant à la voilette, je n'ai que celle-là, et je serai bien embarrassée si je ne la retrouve pas.

— Ne l'aurais-tu pas oubliée quelque part ? demanda Clémentine. Rappelle-toi où tu es allée ce matin.

— Je ne suis allée qu'à la messe, et bien sûr je ne l'ai pas laissée à l'église. Je ne pourrais l'oublier que si j'ôtais mon chapeau, et je ne l'ai ôté qu'en rentrant à la maison.

— Voilà, mon enfant, dit Mme Lebrun, à quoi t'expose journellement ton défaut d'ordre, suite naturelle de ton étourderie.

Si tu t'habituais à mettre chacun des objets qui composent ton habillement à une place fixe, tu ne serais jamais embarrassée pour les trouver quand tu en aurais besoin, et tu ne perdrais pas ainsi un temps précieux en recherches souvent inutiles.

« Comment faire maintenant? reprit Mᵐᵉ Lebrun : tu ne peux pourtant pas te passer de voilette, et, si tu ne retrouves pas la tienne d'ici à l'heure du départ, tu seras obligée de renoncer au voyage de Versailles.

— Mon Dieu! ma tante, je crains bien de ne pouvoir la trouver : Marguerite et moi nous l'avons cherchée par toute la maison; j'ai grand'peur qu'elle ne soit tout à fait perdue, ou qu'on ne me l'aie volée. Quel dommage! un joli point de Chantilly que papa m'avait acheté à son dernier voyage à Paris!

— Ton père sera content, reprit M. Lebrun, quand il saura le soin que tu apportes à conserver les cadeaux qu'il te fait.

— Mais enfin, dit Mme Lebrun, cette voilette ne peut qu'être égarée : nous sommes revenus de l'église en voiture, tu n'as ôté ton chapeau qu'à la maison, aucun étranger n'est venu ici depuis notre retour, ta voilette n'a donc pu être volée ; elle sera tombée quelque part, où elle se retrouvera quand on y pensera le moins.

— Mais en attendant, ma tante, si vous vouliez me prêter une des vôtres pour aujourd'hui.

— Non, ma fille ; je n'ai que trois voilettes, toutes d'un grand prix et auxquelles je tiens, surtout à cause des personnes de qui elles me viennent ; car l'une est un cadeau de mon mari, l'autre de ton père, qui me l'a donnée en même temps que la tienne, et la troisième est en quelque sorte un héritage de famille ; et certes je n'irai pas confier des objets si précieux à une étourdie comme toi.

— Je déclare, reprit M. Lebrun d'un ton sévère, que, si la voilette ne se retrouve pas d'ici à l'arrivée de la voiture, Eugénie, en punition de son étourderie, gardera aujourd'hui la maison. »

A cette décision, prononcée avec la solennité d'un arrêt de la cour, Eugénie se mit à sangloter. Anaïs et Clémentine voulurent intervenir, et, n'osant s'adresser au sévère magistrat, elles prièrent Mme Lebrun d'intercéder en faveur de sa nièce, ajoutant que la punition qui la frappait retomberait en partie sur elles-mêmes; car elles ne goûteraient aucun plaisir dans le voyage de Versailles, si elles étaient privées de la compagnie de leur bonne amie Eugénie.

Si Mme Lebrun eût été seule, elle aurait probablement cédé; car la bonne tante était bien faible. En présence de son mari, elle montra une fermeté presque stoïque. « Je suis bien fâchée, répondit-elle, de ne pouvoir acquiescer à votre désir; mais je ne solliciterai pas mon mari de révoquer une sentence que j'aurais portée moi-même. Vous en

ressentirez le contre-coup, dites-vous, Mesdemoiselles, puisque vous serez privées de la
société de ma nièce. Que voulez-vous, c'est
un des malheureux effets produits par l'é-
tourderie, de ne pas atteindre seulement la
personne qui s'en rend coupable, mais de
frapper encore celles qui lui sont attachées à
titres divers. Ainsi, moi qui me faisais une
fête d'aller aujourd'hui à Versailles avec
elle, je me trouve privée de ce plaisir, et
je suis condamnée comme elle à garder la
maison. »

Ici les sanglots d'Eugénie redoublèrent;
Anaïs et Clémentine commençaient aussi à
verser des larmes; Mme Robin ne savait si elle
devait rester ou partir. Enfin le roulement
d'une voiture, qui s'arrêta à la porte de la
maison, vint annoncer le dénoûment d'une
situation devenue gênante pour tout le
monde.

« Voilà la voiture, dit Mme Lebrun : nous
ne vous retiendrons pas davantage ; car vous

n'avez que le temps pour pouvoir prendre vos billets avant l'heure. »

Mme Robin se leva en disant à ses filles, qui ne paraissaient pas pressées de partir, et qui essuyaient leurs yeux avec leurs mouchoirs : « Allons, Mesdemoiselles, saluez M. et Mme Lebrun, embrassez Eugénie, et partons.

— Oh ! maman, dit Clémentine, si vous vouliez..., puisque Eugénie ne vient pas, nous aimerions autant rester.

— Non, Mesdemoiselles, cela ne se peut pas : vous savez que j'ai donné rendez-vous à Mme Froissard et à plusieurs autres personnes, et je ne saurais y manquer sans commettre une malhonnêteté. »

Les deux sœurs se décidèrent à se lever ; mais au moment où elles s'approchaient de Mme Lebrun pour prendre congé d'elle, tout à coup Marguerite entra bruyamment dans le salon en criant : « Madame ! Madame !... Mademoiselle !... voilà la voilette et les gants de Mlle Eugénie, qu'elle avait oubliés ce

matin dans la voiture qui vous avait condui-
tes à l'église; c'est le cocher qui les a trouvés
en remisant sa voiture. Il voulait vous les
rapporter tout de suite; mais il a été obligé
de faire immédiatement une autre course, et
il a remis ces objets à son maître. Comme
vous aviez commandé une grande voiture
pour midi, M. Blavet, le loueur, pour ne
pas perdre de temps, a jugé à propos de ne
vous les renvoyer qu'avec cette voiture. » Et,
tout en parlant, elle avait remis à Eugénie
sa voilette et ses gants.

Cet incident imprévu changea subitement
la face des choses. Des exclamations de joie
s'échappèrent de la bouche des trois jeunes
filles; tandis que Mmes Lebrun et Robin
échangeaient un sourire, et que M. Lebrun
lui-même avait peine à maintenir sa gravité.

« Ah! maintenant, Madame, s'écria
joyeusement Clémentine en s'adressant à
Mme Lebrun, j'espère qu'il n'y a plus d'ob-

stacle à ce que vous sollicitiez la révocation
de l'arrêt prononcé.

— Il n'est pas nécessaire, Mademoiselle,
reprit M. Lebrun, que vous ayez recours à
l'intermédiaire de ma femme : la défense que
j'avais faite était subordonnée à cette circonstance que les objets ne seraient pas retrou-
vés avant l'heure du départ; du moment
qu'ils l'ont été n'importe comment, et quoiqu'il y eût peut-être beaucoup à dire là-
dessus, ajouta-t-il en hochant un peu la tête,
mon arrêt, comme vous l'appelez, se trouve
de droit révoqué.

— Merci! mon bon oncle, s'écria Eugénie
en l'embrassant.

— ¡Merci! Monsieur, dirent d'une seule
voix les deux sœurs en lui faisant une pro-
fonde révérence.

— Ne perdez pas votre temps en remercîments, Mesdemoiselles, reprit le magistrat avec bonté; hâtez-vous, de monter en

voiture, car vous savez que le chemin de fer n'attend personne. »

On s'empressa de suivre ce conseil, après avoir toutefois donné chacune un coup d'œil rapide à l'ensemble de sa toilette, et un instant après la voiture, contenant les deux dames et les trois jeunes filles, prenait rapidement la direction du chemin de fer de l'Ouest, gare de la rue Saint-Lazare.

V

Mme BONNARD DE LA BONNARDIÈRE
ET SES FILLES

Il y avait encombrement à la gare, comme c'est l'ordinaire les jours où les grandes eaux jouent à Versailles. Quand ces dames arrivèrent et voulurent se présenter au bureau, il y avait une *queue* si longue, formée par les personnes qui attendaient leur tour pour prendre leurs billets, qu'il paraissait douteux que les dernières pussent en obtenir avant l'heure fixée rigoureusement pour la fermeture du guichet. Pas moyen de pouvoir passer avant son tour : des sergents de ville et des gardiens forçaient tout nouveau venu à prendre rang à l'extrémité de la queue, qui s'allongeait incessamment, et prenait à vue d'œil des proportions formidables. Déjà Mᵐᵉ Robin faisait remarquer d'une manière peu obligeante pour Eugénie et pour Mᵐᵉ Lebrun que, si tout le monde avait eu soin de se tenir prêt comme elle et ses filles, on ne se verrait pas obligé d'attendre le départ d'un autre convoi. Heureusement Anaïs coupa court à ces observations, qui déjà faisaient rougir Eugénie, et n'auraient pas tardé à lui faire de nouveau verser des larmes, en montrant à sa mère Mᵐᵉ Froissard, son amie, qui se trouvait dans les premiers rangs des personnes qui pourraient prendre encore à temps leurs billets, et qui faisait signe à Mme Robin de s'approcher d'elle. Celle-ci s'empressa de se rendre à cet appel, et, dès qu'elle ne fut plus séparée de son amie que par la barrière derrière laquelle étaient rangées les personnes composant *la tête de la queue*, Mme Froissard lui dit : «Combien êtes-vous ?

— Nous sommes cinq.

— Cela suffit ; je vais prendre cinq billets de plus, et vous n'aurez pas l'ennui de vous mettre à la queue. Allez, avec votre société, rejoindre ces dames que vous voyez assises sur le banc qui fait face au guichet ; aussitôt que j'aurai nos billets, j'irai vous retrouver.»

Cette nouvelle fut accueillie avec des transports de joie par les trois jeunes amies, et elle ne causa pas une moindre satisfaction aux deux dames. Elles se rendirent aussitôt vers le banc indiqué par Mme Froissard ; mais, comme elles ne connaissaient pas les personnes qui s'y trouvaient, elles attendirent debout l'arrivée de cette dame. Leur attente ne fut pas longue : bientôt Mme Froissard parut, tenant douze billets dans sa main. « Allons, Mesdames, dit-elle en arrivant, ne perdons pas une minute, afin de pouvoir nous placer toutes ensemble, sinon dans le même compartiment, au moins dans des compartiments voisins les uns des autres. »

Aussitôt les six personnes qui attendaient sur le banc se levèrent. « Mesdames, dit Mme Froissard en s'adressant à Mmes Robin et Lebrun, j'ai l'honneur de vous présenter Mme Graffin et Mlle Adèle, sa jeune sœur. » Puis, s'adressant à celles-ci : « Mes amies, j'ai l'honneur de vous présenter Mme Lebrun et Mme Robin. Partons vite, ajouta-t-elle ; les jeunes personnes feront connaissance en route. » Et, tout en parlant, elle prit le bras de Mme Robin et de Mme Graffin, et s'achemina rapidement vers l'intérieur de la gare. Tout le monde la suivit, même les quatre personnes que n'avait pas présentées Mme Froissard, et pour lesquelles elle avait pris également des billets. Mme Robin, tout en marchant, en fit l'observation à son amie : « Qui donc est cette dame avec ces trois jeunes filles que tu n'as pas daigné nous présenter?

— Ma foi, cela m'eût été fort difficile; car je ne les connais pas. Nous les avons rencontrées en arrivant : elles sont provinciales et nouvellement débarquées à Paris. Comme elles n'étaient jamais venues à cette gare, elles étaient fort embarrassées pour prendre leurs billets. La mère m'a consultée; je lui ai offert de me charger de la commission, elle a accepté avec empressement, et nous n'avons pas fait plus ample connaissance; mais Mme Graffin a dû causer avec elles, et sans doute elle peut nous donner de plus complets renseignements.

— Je ne saurais le faire, reprit celle-ci, ne m'étant pas entretenue assez longtemps avec elles ; seulement elles m'ont paru fort aimables. Tout ce que je sais, c'est qu'elles sont Bourguignonnes, et qu'elles habitent les environs de Dijon, sur la route de Beaune ; que les deux plus jeunes, qui paraissent avoir à peu près l'âge d'Anaïs et de Clémentine, sont les filles de cette dame, et que l'autre, la plus grande, est sa nièce. Quant à leurs noms, je ne les sais même pas, et je n'ai connu le degré de parenté des jeunes personnes avec la dame que parce que j'ai entendu les unes l'appeler maman, et l'autre, ma tante. Comme nos relations ne seront probablement que très-passagères, je n'ai pas cherché à en savoir davantage. »

Contrairement à l'opinion de Mme Graffin, comme ces relations doivent avoir une plus longue durée qu'elle ne le pensait, et que ces inconnues joueront un rôle assez important dans notre histoire, nous ferons ce que n'avait pu faire Mme Froissard, c'est-à-dire qu'en vertu du privilége dont nous jouissons comme narrateur, nous présenterons immédiatement ces étrangères à nos lectrices.

Voici d'abord Mme Bonnard de la Bonnardière : c'est une personne entre deux âges, courte, rondelette, vive, active, causant beaucoup, curieuse, adroite et passablement intrigante. C'est une femme au sourire fin, à la physionomie intelligente et rusée, sous un faux air de bonhomie. Tout en feignant de parler avec abandon, elle a le talent de faire causer ceux avec qui elle s'entretient souvent plus qu'ils ne voudraient, et, comme on dit vulgairement, *de leur tirer les vers du nez*. Son mari, M. Bonnard, ancien avoué à Dijon, s'est depuis longtemps retiré des affaires pour se livrer à l'agriculture et au commerce des vins fins de la Côte-d'Or. Il a acheté, dans les environs de Beaune, un clos auquel il a donné le nom de la Bonnardière, et dont il prétend que les produit égalent ceux du clos Vougeot, ou tout au moins ceux de Pommard et de Meursault. Grâce à son acti-

vité, ses affaires ont assez bien prospéré, et il
se trouve aujourd'hui à la tête d'une assez
belle fortune. Cependant il n'est pas satisfait,
ou plutôt sa femme ne l'est pas : elle voudrait, car elle a passablement de vanité,
Mme Bonnard, que son mari fût décoré, qu'il
fût nommé député ou au moins membre du
conseil général du département ; que son fils
aîné, qui termine son cours de droit, fût
nommé substitut immédiatement après avoir
reçu son diplôme de licence ; que son neveu,
auquel elle destine la main de sa fille aînée,
fût nommé sous-préfet ; enfin elle voudrait,
et ceci n'est pas le moindre de ses désirs, que
ce nom de la Bonnardière, qu'ils ont ajouté
de leur autorité privée à leur nom patrony-
mique fût légalement reconnu, et qu'il leur
fût permis de le prendre ostensiblement, et
de le signer dans les actes publics, sans en-
courir les rigueurs d'une certaine loi contre
les titres usurpés. C'était donc en vue d'obtenir toutes ces choses que Mme Bonnard était

venue se fixer à Paris pendant un certain temps, afin d'être à portée de solliciter elle-même auprès du gouvernement la réalisation de ses beaux projets. Elle avait amené avec elle ses deux filles Julie et Adolphine, la première âgée de quinze ans, la seconde du même âge à peu près qu'Eugénie, et enfin sa nièce, Mlle Amanda de la Jonquière, jeune personne de dix-sept à dix-huit ans, remarquable par sa beauté, mais plus encore par sa nullité, son ignorance et, tranchons le mot, par sa bêtise ; de sorte que dès qu'on l'avait entendue parler on ne pouvait s'empêcher de répéter, avec le renard de la fable à la vue d'un buste parfaitement exécuté :

Belle tête..., mais de cervelle point.

Quant aux deux demoiselles Bonnard, nous dirons seulement qu'elles étaient beaucoup plus spirituelles que leur cousine, mais en même temps aussi étourdies au moins qu'Eugénie, et nous savons que ce n'est pas peu dire.

Revenons maintenant à notre société, composée, par l'adjonction des quatre étrangères, de douze personnes, que nous avons laissées à l'entrée de la gare, se dirigeant en toute hâte vers le train qui allait partir pour Versailles. Mmes Froissard, Robin et Graffin marchaient en tête; venait ensuite Mme Lebrun avec Mlle Adèle et Mme Bonnard; elles étaient suivies de Mlle Amanda et de Mlles Robin; enfin la marche était fermée par Eugénie et les jeunes demoiselles Bonnard. « Qui se ressemble s'assemble, » dit le proverbe, et il est à remarquer que le hasard, ou une sorte de sympathie instinctive, avait réuni dès le premier moment les trois têtes les plus étourdies de la société.

Malgré la diligence qu'on avait faite, lorsqu'on arriva auprès du train la plupart des wagons étaient déjà au complet; on aurait bien voulu ne pas se séparer; mais, comme on reconnut bientôt que c'était très-difficile, on chercha à se fractionner le moins possible et à occuper les compartiments les plus voisins, afin de se retrouver toutes à l'arrivée. Enfin on découvrit deux compartiments à côté l'un de l'autre, contenant chacun six places vides. On s'y précipita à la hâte, sans trop se préoccuper de l'ordre dans lequel on s'y rangeait. Mmes Froiseard, Robin, Lebrun, Graffin, Mlles Adèle et Amanda montèrent dans le premier compartiment; Mme Bonnard, ses deux filles, Mlles Robin et Eugénie s'établirent dans le second. Ainsi dans l'un se trouvaient toutes les mamans et les deux jeunes personnes les plus âgées; dans l'autre, les cinq jeunes filles avec Mme Bonnard pour mentor. Mme Lebrun, qui aurait désiré n'être pas séparée de sa nièce, ni Mme Robin de ses filles, parurent un peu contrariées de cet arrangement; elles témoignèrent même le désir de le modifier, mais il était trop tard; déjà les gardiens avaient fermé les portières, et le sifflet de la locomotive donnait le signal du départ. « Bah ! leur dit Mme Graffin, vous n'avez pas à vous inquiéter ; vos enfants sont sous la garde d'une mère de famille, qui en aura soin comme des siennes ; nous avons ici Mlle sa nièce qui nous en répond : n'est-ce pas, Mademoiselle ? » ajouta-t-elle en regardant Amanda. Celle-ci fit une légère inclination de tête, en prononçant un « oui, Madame, » à peine articulé. « D'ailleurs, continua Mme Graffin, c'est l'affaire de trente-cinq à quarante minutes au plus, et cela ne vaut pas la peine de s'inquiéter. »

Ces réflexions parurent rassurer ces dames, et il ne fut plus question de cet incident.

Tandis que d'un côté deux personnes montraient quelque contrariété d'être séparées des objets de leur sollicitude maternelle, de l'autre les cinq jeunes filles étaient enchantées de se trouver réunies, et témoignaient leur joie par des éclats de rire que couvrait à peine le roulement bruyant des wagons sur les rails. « Oh! que je suis contente, s'écria Julie en s'adressant aux demoiselles Robin et à Eugénie, d'aller à Versailles avec vous! Nous ne connaissons cette ville ni les unes ni les autres, pas plus maman que ma cousine et ma sœur, et déjà nous nous demandions comment nous pourrions nous reconnaître au milieu de cette foule qui s'y rend de tous côtés; heureusement nous vous avons rencontrées, et vous nous offrez de nous servir de guides. » En effet, Eugénie, presque en les abordant, et déjà dans le trajet de la salle d'attente aux wagons, leur avait fait une offre de ce genre. « C'est charmant; nous acceptons avec reconnaissance, et nous ne nous quitterons pas de la journée, n'est-ce pas?

—Bien volontiers, » répondirent avec empressement Eugénie et Clémentine; Anaïs fit la même réponse, mais en ajoutant : « Si maman le permet.

—Et pourquoi ne le permettrait-elle pas?

demanda Eugénie avec ce ton d'assurance assez ordinaire à l'étourderie qui ne doute de rien; quant à moi, je suis sûre que ma tante me le permettra.

— Je pense bien, reprit Anaïs, que maman ne s'y opposera pas non plus; mais enfin il me semble qu'avant de s'engager il est plus convenable d'attendre sa décision.

— Je suis de l'avis de ma sœur, dit alors Clémentine; seulement si je n'en ai pas fait l'observation, c'est qu'il me semble que cela va sans dire.

— Sans doute, reprit Eugénie, cette condition est toujours sous-entendue; mais, comme moi je suis sûre d'avance du consentement de ma tante, je crois pouvoir m'engager sans condition. »

Mme Bonnard, qui avait écouté jusque-là le babil des jeunes filles sans se mêler de la conversation, jugea à propos d'intervenir, et dit en s'adressant à Anaïs : « Vous avez parfaitement raison, Mademoiselle, de ne prendre aucun engagement sans avoir préalablement consulté Mme votre mère; c'est ce que doit faire toute jeune fille bien élevée. C'est une leçon que vous donnent ces demoiselles, ajouta-t-elle en regardant ses deux filles. Vous n'auriez pas dû, sans me consulter, leur faire une proposition qui pouvait être indiscrète; c'était moi que cela regardait, et c'est à leurs mères et non pas à elles, que je me serais adressée.

—Tiens, maman, dit Adolphine d'un petit air boudeur, est-ce que cela empêche que tu t'adresses à ces dames, à moins que tu ne veuilles pas que nous restions dans la compagnie de ces demoiselles?

— Certainement, pour ma part, je ne demande pas mieux, car je suis persuadée que vous n'avez qu'à gagner à leur société; reste à savoir si cela conviendra à ces dames elles-mêmes, car après tout elles ne vous connaissent pas; le hasard seul vous a fait rencontrer; nos noms mêmes leur sont étrangers, et nous sommes en quelque sorte pour elles les premières venues.

— Les premières venues ! s'écria Julie en faisant une petite moue assez risible ; comme tu nous traites, petite mère ! Vraiment je voudrais bien savoir si les filles de M. de la Bonnardière, maire de sa commune et un des plus honorables négociants de son département, sont des premières venues !

— Non sans doute, ma fille ; mais ni toi ni ta sœur vous ne portez votre nom écrit sur le front, et nous n'avons ici personne de connaissance pour nous présenter régulièrement à ces dames.

— Qu'à cela ne tienne, s'écria Eugénie avec sa pétulance habituelle, je m'en charge ; ma tante et Mme Robin n'ont pas la susceptibilité des Anglaises, et elles regarderont cette formalité comme tout aussi bien remplie que si elle l'était par un personnage plus grave que moi. Mais en attendant, comme il faut aussi que vous nous connaissiez, permettez-moi, Madame et Mesdemoiselles, ajouta-t-elle en prenant un air gravement comique, de vous présenter Mlle Anaïs et Mlle Clémentine Robin, filles de M. Robin, chef de division au ministère de la justice. Allons, à ton tour, Anaïs, à me présenter.

— Et moi, reprit Anaïs d'un air un peu contraint, j'ai l'honneur de vous présenter Mlle Eugénie Hémard, fille de M. Hémard, colonel d'état-major à Alger, et nièce de M. Lebrun, conseiller à la cour d'appel de Paris.

— Très-bien, Mademoiselle, dit en riant Mme Bonnard; à mon tour maintenant. » Et elle leur présenta ses deux filles en les nommant par leurs prénoms, et en rappelant la résidence et les fonctions de leur père. Puis elle ajouta : « Maintenant que nous commençons à nous connaître un peu de nom, je désire de tout mon cœur que la connaissance devienne plus complète, et dès que nous serons arrivées à Versailles, je deman-

derai à Mmes Robin et Lebrun la permission
de nous recevoir dans leur société pour cette
journée. »

Mme Bonnard espérait bien, maintenant
qu'elle savait à quels parents appartenaient
ces jeunes personnes, que la liaison si subitement formée par le hasard n'aurait pas
une durée aussi éphémère qu'elle paraissait
le croire, et qu'elle saurait la prolonger de
manière à la faire servir à ses intérêts. C'était
une de ces femmes qui savent tirer parti de
tout pour arriver à leurs fins. Si les trois
jeunes filles, qu'elle avait amenées à lui faire
connaître leurs noms et ceux de leurs familles, eussent appartenu à des parents de
qui elle n'eût rien eu à espérer pour la réus-
site de ses projets, elle n'aurait pas daigné
cultiver cette connaissance passagère; mais
il y avait là un chef de division au ministère
de la justice, il y avait un conseiller à la cour
d'appel, et ces personnages pouvaient lui
être d'un grand secours pour placer son fils;

et pour obtenir l'autorisation d'allonger son nom. Elle se mit donc à causer dès lors avec la plus grande affabilité avec ses nouvelles connaissances, surtout avec Eugénie, dont elle reconnut bientôt le caractère étourdi et indiscret, et qu'elle sut mettre à profit pour connaître une foule de détails qui l'intéressaient. Elle apprit ainsi toute l'histoire d'Eugénie : qu'elle était orpheline dès le bas âge ; qu'elle avait été élevée par sa tante Lebrun, qui l'aimait comme sa fille ; que M. Lebrun, son oncle, le colonel Hémard, son père, et M. Robin étaient tous camarades de collége, toujours restés amis intimes ; qu'on pouvait encore en compter un quatrième, M. Froissard, le mari de cette dame qui avait pris les billets au chemin de fer. « Et que fait-il, M. Froissard ? demanda d'un air indifférent Mme Bonnard. — Ma foi, je ne sais pas trop, répondit Eugénie ; mais Anaïs peut bien nous le dire, car il est son parrain. — Il est chef de la division du personnel au ministère de

l'intérieur. » Bon! pensa Mme Bonnard, encore
une notabilité dont j'espère faire la connaissance par ricochet, et qui pourra m'être utile
pour placer Jules. Ce Jules était le frère d'A-
manda, son futur gendre, dont elle voulait,
en attendant, faire un sous-préfet.

En continuant à faire causer Eugénie,
Mme Bonnard apprit que son père était fort
aimé du gouverneur de l'Algérie et du ministre de la guerre; qu'il espérait bientôt
être promu au grade de général de brigade,
et qu'alors probablement il rentrerait en
France et serait peut-être fixé à Paris; son
oncle et ses amis employaient toute leur influence pour obtenir ce résultat. Ceci est encore bon à noter, se dit Mme Bonnard; je
pourrai peut-être, à l'aide de ce colonel
bientôt général et ami du ministre, obtenir
de l'avancement pour ce pauvre Tavernier,
qu'on semble avoir oublié, et qui reste
comme attaché à perpétuité à son grade
subalterne. Ce M. Tavernier, dont nous au-

rons plus tard l'occasion de reparler, était cousin germain de Mme Bonnard et le parrain d'Adolphine. C'étaient des titres suffisants pour exciter l'obligeance de cette dame, toute dévouée à rendre service à sa famille.

Enfin, quand le convoi entra dans la gare de Versailles, Mme Bonnard avait fait une ample moisson de renseignements, dont elle espérait bien, grâce à son savoir-faire, tirer un parti avantageux.

VI

UNE SOIRÉE CHEZ Mme BONNARD

En descendant de wagon, Mme Bonnard s'empressa de reconduire les trois jeunes filles à la mère et à la tante, qui de leur côté s'avançaient à leur rencontre. « Mesdames, leur dit-elle en les abordant, je vous ramène vos charmantes demoiselles, dont mes filles ont été bien heureuses de faire la connaissance pendant le rapide voyage de Paris ici ; maintenant elles n'éprouvent qu'une crainte, c'est d'être obligées de s'en séparer sitôt, et elles me chargent de vous demander la permission de rester avec elles, et de les accompagner pendant votre promenade au château et dans les jardins. J'ose espérer que vous ne refuserez pas cette faveur à des étrangères, qui sans vous se trouveraient dans un isolement pénible ; déjà, au moment du départ, nous avons été l'objet d'un acte d'obligeance bien aimable d'une personne de votre société (elle désignait Mme Froissard, qui donnait le bras à Mme Robin) ; je la prie de vouloir bien recevoir ici mes sincères remercîments, et je ne crois pas trop m'avancer en regardant le témoignage de bienveillance de la part de Madame envers nous comme un gage de l'accueil favorable que ses amies feront à ma demande. »

Cette requête, quoique un peu maniérée, fut débitée avec une bonhomie et une franchise qui faisaient disparaître ce qu'il y avait de trop affecté dans l'expression. Elle ne pouvait manquer d'être accueillie favorablement des personnes à qui elle s'adressait. Mme Bonnard, ses filles et sa nièce furent reçues dans la société ; seulement on convint que, pour ne pas se séparer ni se perdre dans la foule, Mmes Froissard et Graffin avec Mlle Adèle et Mlle Amanda marcheraient en tête ; puis viendraient les cinq jeunes filles suivies immédiatement par Mmes Lebrun, Robin et Bonnard, qui les auraient ainsi toujours sous les yeux.

On se dirigea aussitôt vers le palais, et l'on commença la visite des salles du musée. Nous ne les suivrons pas dans cette visite, non plus que dans le jardin, où elles se rendirent de manière à arriver au moment où devrait commencer le jeu des eaux. Nous dirons seulement que pendant tout ce temps Mme Bonnard ne quitta pas un instant Mmes Robin et Lebrun, et qu'elle eut l'art de gagner les bonnes grâces de ces deux dames, surtout de la dernière ; de sorte qu'au moment du retour elle leur demanda et en obtint sans peine la permission d'aller les remercier chez elles de la faveur qu'elles lui avaient accordée ainsi qu'à ses filles.

Les enfants se quittèrent aussi les meilleures amies du monde, en se promettant bien de se revoir le plus tôt possible. La grave Anaïs elle-même paraissait sympathiser avec Julie. Quant à Clémentine, à Eugénie et à Adolphine, elles formaient un *trio* parfaitement assorti. Ce qui est digne de remarque, c'est que les demoiselles Bonnard se comportèrent, pendant toute cette promenade, de manière à mériter les éloges de Mme Robin, qui les trouva beaucoup plus posées et plus retenues qu'Eugénie. Ceci pourrait paraître extraordinaire, d'après ce que nous avons dit du caractère de ces jeunes personnes ; mais au moment où la promenade allait commencer, dans l'ordre que nous avons indiqué, Mme Bonnard avait entendu Mme Lebrun et Mme Robin recommander, l'une à sa nièce, l'autre à ses filles, de s'observer avec soin, et de conserver toujours ce maintien réservé qui convient à des jeunes personnes modestes et bien élevées. Ceci était dit sans doute à cause des éclats de rire bruyants que ces demoiselles avaient fait entendre pendant le trajet en chemin de fer. Mme Bonnard s'empressa aussitôt de faire à part la même recommandation à ses filles, en l'appuyant de certaines menaces qu'elles savaient fort bien ne pas être vaines, si elles ne se conformaient pas aux ordres de leur mère ; car Mme Bonnard était, selon l'occasion, ou plutôt selon ce qui convenait à ses vues, d'une sévérité ou d'une indulgence excessive envers ses enfants. Du reste, dans cette circonstance Julie et Adolphine n'eurent pas de peine à se conformer aux intentions de leur mère, absorbées qu'elles furent bientôt par la contemplation de cette immense variété d'objets qui passèrent sous leurs yeux pendant leur rapide promenade à travers le palais et les jardins de Versailles.

On se quitta donc dans les meilleurs termes, et fort contentes les unes des autres.

Dès le lendemain, Mme Lebrun s'occupa du plan indiqué par son mari pour corriger Eugénie de son étourderie. Elle minuta longtemps un projet de règlement qu'elle soumit le soir même à M. Lebrun. Celui-ci, après l'avoir examiné avec attention, se borna à y faire quelques changements insignifiants, et le remit à sa femme en lui disant : « Ce règlement sera parfait si vous le faites exécuter avec régularité et persévérance. »

Les dispositions de ce règlement ne présentaient aucune innovation trop prononcée à ce qu'Eugénie faisait ou devait faire habituellement chaque jour; il régularisait seulement les diverses occupations de la journée, de manière à ne laisser aucune place au désœuvrement et à l'oisiveté. Les récréations elles-mêmes n'étaient pas oiseuses ; car elles consistaient soit en promenades, soit en exercices salutaires à la santé et au développement des forces physiques, ou bien elles étaient consacrées aux arts d'agrément ou à des lectures attrayantes propres à délasser l'esprit, tout en contribuant à l'orner, à l'éclairer, et à former le cœur à la vertu.

Eugénie, qui, comme nous l'avons vu, était douée d'excellentes qualités, comprit sur-le-champ les avantages d'une vie réglée, et accepta non-seulement sans répugnance, mais même avec empressement, cette espèce de statut qui fixait dans un ordre déterminé la nature de ses travaux, de ses occupations, de ses jeux, pour chaque heure de la journée, pour chaque jour de la semaine.

Grâce à la surveillance active de la tante, ce règlement fut suivi avec ponctualité, et au bout d'un mois à peine on remarquait une amélioration notable dans les manières d'Eugénie. La régularité apportée à tout ce qu'elle faisait lui avait insensiblement donné le goût et l'habitude de l'ordre; elle montrait plus de calme dans toutes ses actions, et l'on voyait peu à peu disparaître cette précipitation irréfléchie, cause des nombreux actes d'étourderie qui lui avaient attiré tant de reproches mérités.

Mᵐᵉ Lebrun était enchantée de ce succès. Elle en parlait souvent à son mari, en le félicitant de lui avoir indiqué le moyen le plus simple et le plus sûr de corriger leur nièce de son vilain défaut. « Il ne faut pas, répondait celui-ci, chanter trop tôt victoire : sans doute la maladie est en bonne voie de guérison; mais ne vous relâchez pas dans l'application du traitement; car la cure n'est pas encore complète..., et, vous savez, les rechutes sont souvent plus dangereuses que la maladie elle-même. »

Il y avait, avons-nous dit, un mois environ que Mme Lebrun s'occupait, avec une sollicitude toute maternelle, de continuer l'éducation de sa nièce d'après le nouveau plan qu'elle avait adopté, et qu'elle en voyait avec joie les heureux résultats, lorsqu'elle reçut de Mme Bonnard une invitation pour assister, avec Eugénie, à une petite fête d'enfants qu'elle donnait à l'occasion de l'anniversaire de la naissance de ses filles, nées toutes deux le même jour du mois, à deux ans d'intervalle. Elle ajoutait que Mme Robin et ses filles avaient accepté une semblable invitation, ce qui lui faisait espérer qu'elle obtiendrait la même faveur de Mme Lebrun et de sa charmante nièce.

Ce n'était pas la première fois que, depuis la promenade de Versailles, de nouveaux rapports s'étaient établis entre Mme Bonnard et les personnes qu'elle avait eu le « bonheur inappréciable », pour nous servir de ses expressions, de rencontrer dans cette occasion.

Dès le lendemain de ce voyage, elle avait envoyé sa carte à toutes les dames qui faisaient partie de la société, et deux jours après elle était venue, escortée de ses filles et de la belle Amanda, faire à chacune d'elles une visite de cérémonie. Toutes lui rendirent successivement sa visite, et Mme Bonnard, en renouvelant ses remercîments, exprima le désir et l'espoir que leurs relations ne se borneraient pas là, et que ces dames voudraient bien, pendant son court séjour à Paris, ne pas abandonner une pauvre étrangère dans son isolement. Elle insista surtout auprès de Mmes Robin et Lebrun pour qu'elles permissen à ses filles de voir de temps en temps « leur aimables compagnes du voyage de Versailles, dont elles ne parlaient jamais qu'avec enthousiasme ». Cette permission ne pouvai guère lui être refusée, et il fut convenu que les jeunes personnes se verraient les dimanches et les jeudis, tantôt dans une maison, tantôt dans l'autre, et que, lorsque le temps le permettrait, elles feraient ensemble, sous la surveillance de leurs mères, quelques promenades aux Tuileries, au Luxembourg, au bois de Boulogne, etc.

Plusieurs de ces réunions et de ces promenades avaient eu lieu sans qu'il se fût passé rien de remarquable. Seulement Mme Robin avait trouvé, dans une promenade faite au bois de Boulogne, que Mlles Bonnard et Eugénie avaient montré une turbulence inconvenante, et elle en avait témoigné sa surprise par un geste de mécontentement qui n'avait pas échappé à leur mère. Aussitôt celle-ci rappela ses filles à l'ordre, et leur fit devant tout le monde une verte semonce. Ce petit incident n'eut pas de suite, quoiqu'il eût paru laisser une fâcheuse impression chez Mme Robin; car, au retour de la promenade, elle disait à Mme Lebrun : « Ces petites Bonnard sont bien mal élevées. Je me repens presque de laisser mes filles les fréquenter; mais heureusement qu'elles ne sont pas pour longtemps à Paris, et que bientôt toute relation cessera entre elles. »

Lorsqu'elle reçut l'invitation pour la fête de famille, Mme Robin hésita un instant à l'accepter ; mais elle se décida en voyant que Mme Lebrun et ses autres amies l'avaient acceptée : car il est bon de remarquer que toutes les lettres d'invitation se terminaient par une formule analogue, qui faisait croire à chaque personne que ses amies avaient déjà fait connaître leur adhésion à Mme Bonnard ; alors on ne pouvait guère refuser sans paraître vouloir se singulariser.

Toutes les personnes dont nous avons fait la connaissance le jour du voyage de Versailles se trouvèrent donc réunies dans le salon de Mme Bonnard au jour indiqué. Il y en avait en outre beaucoup d'autres que nous ne connaissons pas, et que nous ne ferons qu'indiquer sommairement : c'étaient d'abord des compatriotes de Mme Bonnard, cousins et cousines à tous les degrés, et qui se trouvaient momentanément à Paris. Nous ne mentionnerons parmi eux qu'un jeune lieutenant d'infanterie en congé de semestre, et arrivant récemment d'Alger, où son régiment était en garnison : il se nommait Armand de Courville, et était ami intime de Jules de la Jonquière, dont il avait été le camarade de classe ; il devait, disait-on, épouser la belle Amanda, la sœur de son ami, ce qui le faisait considérer déjà par Mme Bonnard comme un membre de la famille. Du reste, il était au moins aussi joli garçon qu'Amanda était belle femme ; mais il était de plus d'une fatuité insupportable, et si sa fiancée parlait peu faute de savoir que dire, lui, au contraire, parlait sans cesse et sans mesure de tout, sur tout, à propos de tout, aussi bien de ce qu'il savait que de ce qu'il ne savait pas. Cela ferait, disaient certaines gens, un couple parfaitement assorti au physique comme au moral. Nous n'oublierons pas non plus M. Victor Bonnard, le fils aîné de Mme Bonnard, qui venait de soutenir *glorieusement,* disait-elle, sa thèse pour la licence de droit; ni M. Jules de la Jonquière, son futur gendre et le futur sous-préfet. Enfin nous mentionnerons, seulement pour mémoire, une dizaine de jeunes personnes de l'âge de douze à dix-huit ans, dont quelques-unes appartenaient de près ou de loin à la parenté des Bonnard, arrivées récemment de Bourgogne, et les autres étaient des voisines dont on avait fait depuis peu la connaissance.

. Mme Bonnard, après avoir présenté les uns aux autres tous ses invités, organisa des tables de whist, de bouillotte, d'écarté et autres jeux pour les grands parents et les amateurs de cartes. Dans un salon voisin, les jeunes gens firent de la musique; on chanta, on dansa des rondes au piano, puis on joua à ces jeux dits de commerce ou de société, auxquels un grand nombre de personnes peuvent prendre part. Mme Graffin et sa sœur Adèle, la plus âgée des jeunes personnes de la société, s'étaient chargées de maintenir l'ordre dans la bande joyeuse, et elles avaient fort à faire pour y parvenir; car quelques-unes des nouvelles connaissances d'Anaïs et d'Adolphine étaient tout aussi étourdies et tout aussi turbulentes qu'elles. Eugénie, qui se trouvait là dans son élément, ne le cédait à aucune autre pour le bruit et les petites excentricités un peu hasardées. Mme Robin, qui se trouvait à la même table de whist que Mme Lebrun, lui fit remarquer plusieurs fois le tumulte qui se faisait dans le salon voisin. Mme Lebrun, toujours indulgente, se contentait de répondre : « Laissez-les : il faut bien qu'elles s'amusent. D'ailleurs Mme Graffin et Mme Bonnard sont là, et nous sommes sûres que rien ne se passe d'inconvenant ; puis Mme Froissard va venir prendre ma place, et j'irai moi-même auprès de nos jeunes têtes. » Mme Robin, qui était passionnée pour le whist (c'était là un de ses défauts, je dirais presque son unique défaut), parut se tranquilliser, et elle s'occupa exclusivement de son jeu.

Vers onze heures du soir, on servit une fort belle collation en ambigu, pendant laquelle on fit circuler à profusion les vins du fameux clos de la Bonnardière. Les jeunes personnes ne goûtèrent pas au vin, ou ne firent qu'y tremper les lèvres; mais elles burent du thé, et mangèrent quelques pâtisseries légères.

On resta longtemps à table, selon l'habitude de la province, et, grâce aux vins fins, au thé, au café, aux liqueurs, les têtes s'échauffèrent un peu, et la conversation générale devint passablement bruyante et animée. A l'une des extrémités de la table, le lieutenant de Courville avait pris place entre Mlle Amanda et Eugénie; celle-ci avait à sa droite M. Jules de la Jonquière; puis venaient Anaïs Robin et sa sœur. A gauche d'Amanda était Victor Bonnard, et à côté de lui une de leurs petites-cousines de Bourgogne. Ce bout de table était en quelque façon isolé du reste des convives; car on l'avait formé d'une rallonge un peu plus étroite que la grande table, de sorte que ceux qui s'y trouvaient assis formaient comme une petite société à part.

Mme Bonnard, qui avait présidé, et pour cause, à cet arrangement, dit gaiement à son fils au moment de se mettre à table et en lui désignant sa place : « Je te charge, Victor, de veiller sur tes sœurs, qui ont besoin d'un mentor; car elles sont passablement étourdies, et je ne saurais en choisir un meilleur que leur frère aîné, déjà presque un grave magistrat.

— Et moi, ajouta en souriant Mme Lebrun, je vous charge de la même commission à l'égard de ma nièce, qui est peut-être encore plus étourdie que Mlles vos sœurs.

— Soyez tranquille, ma mère, répondit sur le même ton le substitut en expectative : je veillerai sur mes chères sœurs avec toute la sollicitude d'un frère, d'un père, d'un mentor et d'un magistrat en herbe; quant à Mlle Hémard, je me récuse, attendu que je n'ai remarqué en elle qu'un aimable enjouement, une vivacité convenable, une grâce simple et naïve, et rien qui ressemble à l'étourderie. »

Tous les cousins et cousines de Bourgogne applaudirent bruyamment au compliment *si bien tourné* du cousin l'avocat, et l'un d'eux, qui était son parrain, s'écria avec enthousiasme : « Hein! en voilà un qui aura la langue bien tournée! »

Puis la conversation devint générale, et l'on ne s'occupa plus de la petite table, où cependant la conversation était aussi animée qu'à la grande. « Bravo! mon cher Victor, dit le lieutenant de Courville au jeune avocat : je vois qu'on apprend à faire les compliments aussi bien à l'École de droit qu'à l'École militaire; mais je vais plus loin que toi, et je soutiens, moi, que l'étourderie, loin d'être un défaut chez une jeun personne comme Mlle Hémard, est, au contraire, une des qualités, ou, si l'on veut, un des ornements de son âge. Qu'en pensez-vous, Mademoiselle? ajouta-t-il en s'adressant directement à Eugénie.

— Je n'ai pas assez d'expérience pour me prononcer sur une pareille question; mais si je m'en rapporte au jugement de mon oncle, de ma tante et de beaucoup de personnes raisonnables que je connais, l'étourderie est un vilain défaut, et, comme je reconnais que j'en suis atteinte, je veux tâcher de m'en corriger.

— Gardez-vous-en bien, Mademoiselle! Mais c'est ce qui fait le naturel, le charme, le piquant d'une jeune personne spirituelle et intelligente comme vous l'êtes. Laissez aux personnes arrivées à la maturité de l'âge le soin de calculer minutieusement leurs paroles et leurs actions. Quand on est jeune et doué d'une belle âme et d'un bon cœur, on doit se livrer spontanément et sans examen aux inspirations de l'une et aux mouvements de l'autre. »

Ces compliments et les maximes de cette singulière morale, sans être pris au sérieux par Eugénie, ne laissaient pas que de faire sur elle une certaine impression. Elle ne répondit pas à M. de Courville, évitant d'entamer une discussion sur ce sujet, qu'au fond elle ne pouvait approuver, et qu'elle ne se sentait pas en état de combattre.

M. de Courville remarqua son embarras, et se hâta de changer la conversation. « Pardon, Mademoiselle, si je me permets de vous adresser une question : Seriez-vous la fille de M. le colonel Hémard, de l'état-major d'Alger?

— Oui, Monsieur : connaîtriez-vous mon père?

— J'ai cet honneur, Mademoiselle : je lui ai été présenté par le colonel de mon régiment, et j'ai eu plusieurs fois l'occasion de le rencontrer chez le gouverneur. C'est un homme charmant, spirituel, aimable, aussi distingué par sa bravoure que par ses talents, et qui se fait aimer et estimer de tous ceux qui le connaissent, ou même qui n'ont avec lui que de simples rapports. Savez-vous, Mademoiselle, que vous lui ressemblez beaucoup?

— Vous trouvez? On me l'a déjà dit souvent; mais moi, je trouve que ce n'est pas me faire un compliment, car il a d'énormes moustaches avec une longue barbiche qui lui descend sur la poitrine, ce qui, à mon avis, ne le rend pas beau du tout; et je le lui ai bien dit, il y a deux ans, la dernière fois qu'il est venu à Paris.

— Aussi je n'entends parler ni de ses moustaches, ni de sa barbiche, ni de ses cheveux taillés en brosse; ce ne sont là que des accessoires de la physionomie; mais vous avez ses yeux, la vivacité de son regard, son fin sourire et l'ensemble de ses traits; seulement chez vous tout cela est plus délicat, comme il convient à votre sexe et à votre âge ; mais vous n'en êtes pas moins son véritable portrait en miniature. Et je suis sûr, si j'en juge par ce que j'ai entendu dire, que vous lui ressemblez encore davantage par l'esprit, par cet enjouement et cette verve entraînante qui le caractérisent. Figurez-vous, ajouta-t-il en s'adressant aux personnes qui se trouvaient près de lui, que les saillies, les à-propos, les bons mots du colonel Hémard sont cités et courent dans tout Alger, je pourrais même dire dans toute l'Algérie. » Et il se mit à raconter une foule d'anecdotes et de saillies plus ou moins spirituelles, plus ou moins authentiques, mais généralement assez plaisantes attribuées au colonel Hémard. Tous ceux qui étaient à portée d'entendre le jeune officier riaient aux éclats, et Eugénie plus fort que les autres.

« Oh ! reprit M. de Courville, je ne fais que vous raconter là ce qui est à peu près connu de tout Alger ; mais, Mademoiselle, continua-t-il en s'adressant à Eugénie, vous devez bien savoir quelque anecdote inédite, quelques-uns de ces bons mots que votre père réserve à ses intimes, et vous seriez bien aimable de nous en régaler. »

Eugénie se défendit un peu, sous prétexte qu'elle n'avait vu son père que bien rarement et toujours pendant bien peu de temps ; que d'ailleurs il ne l'entretenait jamais que de choses à sa portée ; et ce n'était qu'à l'époque de son dernier voyage qu'elle avait fait attention à quelques-uns de ces traits qui faisaient rire ses auditeurs, et qu'autrefois elle ne comprenait pas. « Encore, dit-elle, je n'ai gardé que le souvenir d'un mot qui me frappa, parce qu'il faisait beaucoup rire, et que je fus obligée d'en demander l'explication ; car je ne voyais pas en quoi il pouvait exciter tant d'hilarité. Il s'agissait de je ne sais plus quel chef de corps à qui l'on reprochait dans une occasion d'avoir manqué de courage et d'avoir reculé devant le feu de l'ennemi ; ce même chef, se trouvant une autre fois dans une ville menacée par le débordement d'une rivière, s'était hâté de se retirer plutôt que de rester pour secourir les habitants. Comme sa conduite était blâmée à l'état-major, mon père dit tranquillement : « Ah! il paraît que le commandant *** craint l'eau comme le feu. »

— Ah! charmant! délicieux! ravissant! s'écria M. de Courville; je ne connais pas encore celui-là; mais vous ne nous avez pas dit le nom de l'officier qui craignait l'eau comme le feu? — Je ne m'en souviens pas. — Oh! je sais de qui il est question, et j'en ferai bien rire les amis. »

Nous ne citons que cet incident, parce qu'il eut des suites graves, et nous ne parlons pas du reste de la soirée, qui se termina assez tard.

VII

COMMENT EUGÉNIE SE CORRIGEA DE SON ÉTOURDERIE

Quelques jours après la soirée de Mme Bonnard, Mme Robin partit avec ses filles pour aller passer quelque temps en province auprès d'un oncle fort âgé et infirme, qui avait manifesté le désir de voir ses petites-nièces. On ne pouvait refuser cette satisfaction à un parent dont on avait souvent éprouvé les bontés, et dont Anaïs et Clémentine devaient être les héritières. Mme Robin n'était pas fâchée, d'un autre côté, en s'absentant de Paris, de suspendre et peut-être de faire cesser tout à fait les relations de ses filles avec les demoiselles Bonnard, dont la société lui semblait de moins en moins convenable pour ses enfants. Elle ne cacha pas son opinion à Mme Lebrun, en lui recommandant de veiller sur sa nièce, qui pourrait bien perdre dans la fréquentation de ces jeunes étourdies le fruit des efforts que la tante faisait depuis quelque temps pour la corriger de son étourderie. « Oh! il n'y a pas de danger, répondit Mme Lebrun; le mieux se soutient toujours chez Eugénie, et elle devient de plus en plus attentive et réfléchie à tout ce qu'elle fait. »

Eugénie témoigna un vif regret de se séparer de ses anciennes amies d'enfance, et, en s'embrassant, on convint de part et d'autre de s'écrire le plus souvent possible.

Après le départ des demoiselles Robin, Eugénie se lia de plus en plus intimement avec les demoiselles Bonnard. Sa tante ne voyait pas dans cette fréquentation le danger qu'avait cru y apercevoir Mme Robin. « D'ailleurs, disait-elle, cette pauvre enfant est seule maintenant, elle suit exactement le règlement que

je lui ai tracé; l'amélioration dans son caractère et dans ses études se soutient; pourquoi la priverais-je d'une société enjouée,
agréable et plus gaie, il faut en convenir,
que celle de Mme Robin et de ses filles? »

Sous ce dernier rapport, Eugénie commen-
çait à partager largement les idées de sa tante,
sans qu'elles se les fussent communiquées
l'une à l'autre; elle se plaisait effectivement
bien plus dans la société de Julie et d'Adolphine que dans celle d'Anaïs et de Clémentine. Quand elle annonça à ses nouvelles
amies le départ d'Anaïs et de sa sœur : « Ma
foi, dit Julie; je n'en pleurerai pas pour ma
part; ces demoiselles commençaient à devenir
fatigantes; Anaïs surtout, avec ses airs de
pruderie, était parfois insupportable : avez-
vous remarqué qu'au moment de la collation,
à notre soirée, elle a refusé de se mettre avec
nous à la petite table, sous le prétexte qu'il y
avait trop de jeunes gens? Aussi ces mes-
sieurs l'ont surnommée à l'unanimité *ma-*

demoiselle Pimbèche, et ce nom lui restera

— Elle le mérite bien, reprit Adolphine. Quant à sa sœur, elle est un peu meilleure enfant qu'elle ; mais elle est si sotte, qu'elle se laisse mener par le bout du nez par son aînée, et qu'elle n'ose ouvrir la bouche, lever les yeux ou faire un mouvement sur sa chaise, sans l'approbation de ladite demoiselle Pimbèche, la bien nommée. »

Et Eugénie entendit parler ainsi de ses amies absentes, et elle ne les défendit pas. Que dis-je? non-seulement elle approuva par son silence ce que disaient Julie et Adolphine, mais elle alla jusqu'à leur fournir quelques faits à l'appui du jugement malveillant qu'elles portaient contre ses deux amies d'enfance. Était-ce faiblesse, lâcheté, ou mauvais cœur? Non, c'était inconséquence, légèreté, étourderie ; car souvent (que nos jeunes lectrices le remarquent bien) on médit, on calomnie, on insulte, on offense par étourderie.

Ceci se renouvela fréquemment sous d'autres formes et sur d'autres sujets; car Mme Lebrun, de plus en plus tranquille sur le compte de sa nièce, la laissait le plus souvent passer seule une partie de la journée chez Mme Bonnard. Celle-ci en profita adroitement pour compléter les informations qu'elle avait commencé à prendre pendant le voyage de Versailles, et bientôt elle fut au courant, jusque dans les moindres détails, des rapports qui existaient entre les familles Lebrun, Robin et Froissard, et même des particularités concernant le caractère, les habitudes et les goûts de chacun des chefs de ces familles.

Ainsi, tandis que Mme Lebrun s'applaudissait de voir Eugénie se corriger de cette espèce d'étourderie que j'appellerai enfantine, et qui consistait à commettre des actes d'imprévoyance, d'inattention ou d'oubli, comme quand elle se servait de sel en guise de sucre, ou qu'elle oubliait sa voilette et ses gants dans une voiture, la bonne tante ne s'apercevait pas que sa nièce s'abandonnait à un genre d'étourderie beaucoup plus dangereux, celui de l'intempérance de la langue, avec son cortége d'indiscrétions, de propos irréfléchis, de médisances et de calomnies. La pauvre Eugénie devait bientôt apprendre à ses dépens quelles suites terribles pouvait entraîner ce genre d'étourderie.

Un jour Mme Lebrun reçut de son amie, Mme Robin, une lettre ainsi conçue : « Je vous renvoie dans ce pli une lettre de Mlle votre nièce, qui, par suite d'une de ces étourderies dont, selon vous, elle était si bien corrigée, s'est trompée d'adresse. Vous verrez, par le contenu de cette missive, que Mlle Eugénie réunit à l'étourderie d'autres défauts qui ne permettent pas à mes filles de la fréquenter désormais.

« Agréez, etc. »

Effectivement, trois jours auparavant, Eugénie avait écrit à Mlles Bonnard pour leur annoncer qu'elle ne pouvait pas les voir le dimanche suivant, sous je ne sais plus quel prétexte. Sa lettre se terminait par ce passage : « En même temps que je vous écris, je « réponds à une lettre que j'ai reçue hier de « Mlles Robin. Anaïs pimbèche dit qu'elle « s'ennuie à mourir auprès de son vieux « grand-oncle goutteux ; ce qui ne m'a pas « paru très-édifiant de la part d'une personne « qui fait la prude, la réservée, et qui vou- « drait se faire passer pour une sainte. Clé- « mentine ne dit rien, comme à son ordi- « naire, et je crois qu'elle n'en pense pas « plus. La première fois que nous nous ver- « rons, je vous porterai leur épître, et nous « en rirons comme nous avons fait de la « dernière. A bientôt.

« Votre amie dévouée,

« EUGÉNIE HÉMARD. »

La réponse aux demoiselles Robin et la lettre aux demoiselles Bonnard avaient été mises en même temps chacune dans une enveloppe ; mais notre étourdie se trompa en écrivant la suscription, de sorte que la lettre destinée aux demoiselles Bonnard arriva aux demoiselles Robin, et *vice versâ*.

Qu'on juge de la stupéfaction, de la douleur, de la honte d'Eugénie lorsque sa tante lui communiqua cette correspondance ! Et quand elle entendit sa tante lui reprocher avec amertume sa conduite envers des jeunes personnes vertueuses, honorables, et qui avaient été ses amies dès l'enfance, elle l'interrompit en s'écriant, à travers ses sanglots : « Ah ! ne m'en parlez pas !... tout ce que vous pouvez me dire, je me le dis à moi-même avec plus de force... Je sens toute l'énormité de ma faute..., et tout ce que je puis dire pour l'atténuer, c'est que je ne pensais pas un mot de ce que j'écrivais ! » Et elle se retira dans sa chambre, où elle pleura amèrement.

Le soir du jour où s'était passée cette scène,

M. Lebrun rentra plus tôt que de coutume, et au lieu de s'enfermer comme d'habitude dans son cabinet pour travailler jusqu'à l'heure du dîner, il vint dans la chambre de sa femme. Il avait un air soucieux qui la frappa, et, en le voyant entrer, elle lui dit : « Qu'avez-vous donc aujourd'hui, mon ami?

— Je suis très-contrarié, répondit-il en se promenant en long et en large, et je viens vous demander une explication.

— Oh! mon Dieu! de quoi s'agit-il donc? Vous m'effrayez; jamais je ne vous ai vu aussi ému.

— Je quitte à l'instant Froissard et Robin, qui tous deux sont venus me demander ce que c'était qu'une certaine dame Bonnard, qui était venue prier l'un de s'intéresser pour un neveu qu'elle veut faire nommer sous-préfet, l'autre d'appuyer la demande qu'elle adressait au ministre pour faire nommer son fils substitut. Auprès de chacun d'eux elle s'appuyait de la connaissance particulière

3*

qu'elle avait de l'autre, et, à tous deux ensemble, de l'intérêt que je lui portais ainsi qu'à sa famille. Pour preuve de cet intérêt, elle a cité des particularités intimes qui n'avaient pu lui être confiées que par moi ou par vous. Or, comme je n'ai jamais vu cette dame et que je vous en ai entendu parler quelquefois comme d'une nouvelle connaissance que vous aviez faite, j'ai voulu savoir de vous la vérité. Froissard, de son côté, a interrogé sa femme, qui lui a dit avoir fait en effet, par hasard, la connaissance de cette dame, ou plutôt de cette intrigante, mais que jamais elle ne lui avait parlé de son mari, et encore moins des amis de son mari. Robin, de son côté, a écrit à la sienne, qui lui a répondu dans le même sens, mais en ajoutant que vous ou Eugénie pourriez donner des éclaircissements là-dessus. Voyons, quels éclaircissements avez-vous à donner, et comment votre nièce se trouve-t-elle mêlée là dedans?»

Mme Lebrun, toute désolée, répondit à son

mari qu'elle n'avait pas plus fait de confidence à Mme Bonnard que Mmes Froissard et Robin, mais que malheureusement elle craignait bien qu'Eugénie n'eût été indiscrète. Alors elle lui raconta la liaison qui s'était formée entre cette enfant et les petites Bonnard; elle avoua qu'elle n'y avait pas jusqu'à présent attaché d'importance, mais qu'un incident survenu dans la journée lui avait montré tout le danger d'une pareille fréquentation, qui cesserait bien entendu désormais. Elle lui raconta alors le quiproquo des lettres, et lui dit qu'en ce moment même Eugénie était retirée dans sa chambre, où elle pleurait amèrement sa faute.

« Je vous avais bien prévenue, Madame, reprit M. Lebrun, qu'un des points essentiels pour arriver à corriger votre nièce était de veiller avec soin aux sociétés qu'elle fréquenterait. Faites-lui sentir toute l'étendue de la faute qu'elle a commise; dites-lui combien je suis mécontent de son indiscrétion, et ajoutez que je ne lui pardonnerai que quand elle m'aura donné des preuves d'un repentir sincère, et d'une volonté sérieuse de se corriger.»

Ce ne fut que le lendemain matin que Mᵐᵉ Lebrun raconta à sa nièce ce qui s'était passé la veille entre elle et son mari, et la douleur qu'elle avait éprouvée de se sentir soupçonnée d'indiscrétion. « Oh! ma bonne tante, s'écria Eugénie en fondant en larmes, c'est moi, moi seule qui suis coupable; dites-le bien à mon oncle. Mais ce qui m'afflige le plus, c'est que d'autres que moi, et vous surtout, ma bonne tante, ayez pu être soupçonnées. » Elle raconta alors toutes ses conversations avec Mᵐᵉ Bonnard, et comment, sans penser à mal, sans réfléchir, elle lui avait révélé tout ce qu'elle savait des relations existantes entre son oncle, son père et leurs amis. Puis elle ajouta en finissant : « Quelle leçon! Quelles journées que celles d'hier et d'aujourd'hui! Oh! je m'en souviendrai toute ma vie, dussé-je vivre cent ans. »

Mais la pauvre enfant n'était pas au bout de ses peines. Dans l'après-midi de cette même journée, elle était tristement assise dans un coin du salon, les yeux fixés sur un métier à tapisserie dressé devant elle, et sur lequel sa main promenait machinalement son aiguille, lorsque la bonne vint annoncer la visite d'un monsieur qui demandait à parler à Mme Lebrun. Celle-ci donna l'ordre de l'introduire, et un homme d'une quarantaine d'années, vêtu en bourgeois, mais ayant une tournure militaire, entra en saluant avec une politesse froide. « Madame, dit-il sans autre préambule, vous êtes la belle-sœur du colonel Hémard, et Mademoiselle est sans doute votre nièce, la fille du colonel? — Oui, Monsieur, et c'est probablement ce double titre qui nous procure l'honneur de votre visite; dans ce cas, je désirerais savoir à qui j'ai l'avantage de parler? — Madame, je suis le commandant X***. Dernièrement, dans une réunion assez nombreuse, Mlle votre nièce a répété, d'après ce qu'on m'a rapporté, un propos qu'elle tenait de son père, et qui n'est autre chose qu'une grave insulte contre moi. Je désirerais savoir si réellement ce propos est sorti de la bouche de Mademoiselle, et si c'est bien du colonel Hémard qu'elle le tient.

— Monsieur, j'ignore ce que vous voulez dire : c'est la première fois que j'entends prononcer votre nom, et je ne crois pas que ma nièce ait plus que moi entendu parler de vous; d'ailleurs la voilà, vous pouvez l'interroger. — Monsieur, se hâta de dire Eugénie sans attendre que l'étranger usât de la permission qu'on venait de lui donner, je n'ai pu parler de vous, car je ne vous connaissais pas, et, comme ma tante, c'est aujourd'hui pour la première fois que j'entends prononcer votre nom. — C'est possible, Mademoiselle; mais là n'est pas la question. Je vous demande simplement si vous avez tel jour, dans une soirée chez Mme Bennard, raconté certaine anecdote que vous teniez de M. votre

père? — Monsieur, je ne me souviens pas...
c'est possible... Dans tous les cas, je n'ai
nommé personne, et je ne vois pas en quoi
j'ai pu être coupable. » Et la pauvre enfant
balbutiait en prononçant ces mots, et elle
faisait de grands efforts pour retenir ses
larmes. « Cela suffit, Mademoiselle, je ne vous
en demanderai pas davantage; je vois qu'on
ne m'avait pas trompé. Le colonel Hémard
aura bientôt de mes nouvelles, et j'espère
avant peu lui prouver, les armes à la main,
que je ne crains pas plus le feu que l'eau. —
Ah! mon Dieu! s'écria Eugénie, vous voulez
vous battre avec mon père!... » Et elle tomba
évanouie dans les bras de sa tante.

L'étranger s'apprêtait à sortir, quand
Mme Lebrun lui dit avec un accent d'indigna-
tion mal contenue : « Que voulez-vous faire,
Monsieur? Irez-vous, pour quelques paroles
inconsidérées d'une enfant, causer peut-être
d'irréparables malheurs? — Madame, répondit-il froidement, la vérité sort de la

bouche des enfants... Quant à ce que j'ai à
faire, je suis seul juge de la manière dont je
dois venger mon honneur. » Et il se retira.

Ce dernier coup, après ceux qui venaient
de frapper la pauvre Eugénie, acheva de l'ac-
cabler. Elle resta plus d'une heure évanouie,
et, quand elle reprit ses sens, elle était en
proie à une fièvre ardente et à un délire vio-
lent. Parfois elle croyait voir son père tomber
mortellement frappé par son adversaire, et
elle s'écriait : « C'est moi, c'est moi qui l'ai
tué!... »

Les soins empressés des médecins et de
sa tante parvinrent difficilement à la calmer.
M. Lebrun, qui connaissait la prudence de
son beau-frère, dont l'esprit, quoique fin et
disposé à la raillerie, ne se serait jamais permis une plaisanterie offensante contre qui
que ce fût, à plus forte raison contre un col-
lègue, s'empressa d'adresser au colonel Hémard une dépêche télégraphique pour lui
faire connaître succinctement ce qui s'était

passé. Il en reçut immédiatement une réponse que nous pouvons résumer en ces mots : « Rassurez-vous tous. Il y a eu ici un malentendu qui s'expliquera facilement. Je vous garantis qu'il n'y aura non-seulement pas de provocation de la part du commandant X***, mais qu'il éprouvera les plus vifs regrets de la scène inconvenante qu'il a faite à ma sœur et à ma fille. Quant à celle-ci, elle n'en est pas moins coupable d'avoir, par son étourderie, été la cause de tout ce désordre; mais, comme elle en est assez punie, d'après ce que vous me dites, je m'abstiendrai de la gronder, dans l'espoir que cet événement lui aura donné une leçon salutaire dont elle profitera pour se corriger. »

Cet espoir du colonel ne fut pas déçu. Eugénie fut longtemps et dangereusement malade des suites de la terrible émotion qu'elle avait éprouvée. Mais, dès qu'elle fut rétablie, on remarqua en elle un changement heureux, qui ne s'est plus démenti. Autant elle était étourdie, imprudente, irréfléchie, autant elle est devenue posée, calme, circonspecte. Aujourd'hui on peut la citer comme le modèle des jeunes personnes modestes et réservées; aussi Mme Robin s'est-elle empressée de renouer les relations qui existaient auparavant entre elle et ses filles.

Mme Bonnard est retournée en Bourgogne avec ses filles. Son fils n'est pas encore substitut, ni son neveu sous-préfet. Elle n'a pu obtenir de prendre le nom de la Bonnardière, et M. de Courville, par suite de ses étourderies, a été obligé de donner sa démission.

FIN

TABLE

7027. — TOURS, IMPR. MAME

BIBLIOTHÈQUE
NATIONALE

CHÂTEAU
de
SABLÉ
1984

www.ingramcontent.com/pod-product-compliance
Lightning Source LLC
Chambersburg PA
CBHW060627100426
42744CB00008B/1529